しらべよう！
世界の料理
6

西ヨーロッパ
北アメリカ

フランス スペイン ギリシャ アメリカ ほか

監修/青木ゆり子
編・著/こどもくらぶ

はじめに

「食文化」とは、食べ物に関する文化のことです。

食文化は、いろいろな要素が影響しあってはぐくまれます。

はるか昔からその土地に伝統として伝えられてきたもの。その土地の気候・風土、産物、歴史、宗教などがもたらしたもの。ほかの国や地域と交流するなかでうまれたもの。

そうしたさまざまなものがからみあって、その土地独特の食文化がつくりあげられてきました。

だからこそ、世界の人びとを理解し交流するはじめの一歩は、食文化を理解すること。まず「どんな料理を食べているの？」からはじめましょう。

　シリーズ第6巻のこの本では、大西洋をはさんで向かい合う位置にある、西ヨーロッパと北アメリカの国ぐにの食文化を追っていきます。それぞれに独特で魅力的な食文化をはぐくんできたこれらの国への関心を、ぜひ深めてください。

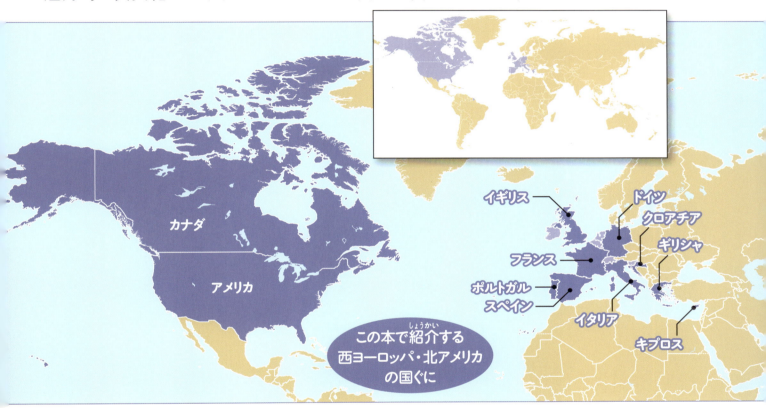

　ところで、近年日本を訪問する外国人はどんどんふえています。そうした外国人たちに日本を正しく紹介したい！　それには、日本人が日本の食文化を知らなければならないのは、いうまでもありません。この意味から、このシリーズでは、日本についても第1巻の冒頭に紹介しています。また、それぞれの国と日本との関係についても、できるだけふれていきます。

　さあ、このシリーズをよく読んで、いろいろな国の食文化、その国とその国の人びとについての理解を深めていってください。

　　　　　　　　　　　　　　　　　　　　　　　　　こどもくらぶ

もくじ

フランス

1 フランスの風土と食文化 …………… 6
2 各地方の食文化 …………………… 8
3 わかるようでわからないフランス料理 … 10
4 フランス料理の魅力 ………………… 12

イタリア

1 イタリアの風土と食文化 …………… 14
2 パスタ ……………………………… 16
3 イタリアの味、ピッツァ …………… 18
4 スープとドルチェ（デザート）、ハム・チーズ … 20
5 イタリアの食生活 ………………… 22

地中海料理

1 地中海性気候と食文化 ……………… 24
2 ギリシャ …………………………… 26
3 クロアチア ………………………… 28
4 キプロス …………………………… 30
5 ポルトガル ………………………… 32
6 スペイン …………………………… 34
復活祭 ……………………………… 37

ドイツ

1 ドイツの風土と食文化 …………… 38

イギリス

1 イギリスの食文化 ………………… 40

アメリカ

1 アメリカの食文化 ………………… 42

カナダ
1 カナダの食文化 …………………… 44

さくいん ……………………………… 46

フランス

フランスは、ヨーロッパの西部に位置する国です。北海、大西洋、地中海などの海洋にも面しています。国土の形が六角形で、6つの方面から食文化をはじめ、あらゆる文化を受け入れてきました。

正式名称／フランス共和国
人口／約6633万人（2016年1月1日、フランス国立統計経済研究所）
国土面積／54万4000km²（フランス本土のみ、フランス国立統計経済研究所）

首都／パリ
宗教／カトリック、イスラム教、プロテスタント、ユダヤ教

1 フランスの風土と食文化

フランスの国土の東側はモンブラン山に代表されるアルプス山脈などの山やまが、イタリア、スイス、ドイツとの国境となっています。そのほかの地域はほぼ平野です。

● 気候帯と食文化

ランスは、標高が低くなだらかな平野で国土の多くがしめられ、セーヌ川、ロワール川、ガロンヌ川などの大きな川が流れています。古くから水運も発達しました。南西はピレネー山脈をはじめ山の多い地域となっています。
　フランスの気候は大きく4つに分かれます。このため、食材も多種多様で、バラエティー豊かな食文化が育ってきました。

フランスの4つの気候

- **西岸海洋性気候**　国土の大部分はこの気候で、一年を通じて気温の変化が小さく、温暖。
- **大陸性気候**　内陸部。夏は暑く、冬は寒くて雨が少ない。
- **地中海性気候**　南部の地中海に面した地域。乾燥した暑い夏が特徴。冬は比較的温暖。
- **高山気候**　ローヌ・アルプ地方。夏は短く、冬は極寒。雨や雪も多い。

フランス北部を流れるセーヌ川。全長は約780km。

フランス

4つの気候を代表する各地方

高山気候　ローヌ・アルプ地方

モンブランなど標高の高い山やまをかかえるローヌ・アルプ地方では、酪農がさかん。

西岸海洋性気候　ノルマンディー地方

ノルマンディー地方の湾にうかぶ小島モン・サン・ミッシェル。8世紀はじめに建てられた修道院がそびえる。漁業がさかんな地域。

大陸性気候　ブルゴーニュ地方

ブルゴーニュは有名なワイン産地。水はけのよいなだらかな斜面にブドウ畑が広がっている。

地中海性気候　プロバンス・アルプ・コート・ダジュール地方

コート・ダジュール（紺碧の海岸）とよばれる青く美しい海岸が広がる。海岸部では、温暖な気候を利用して野菜や果物が栽培されている。

2 各地方の食文化

フランスは地方によって風土が異なり、料理にも特色があります。ここでは、特徴的な食文化をもつ地方を紹介します。

● ノルマンディーとブルターニュ

イギリス海峡に面したノルマンディーは、9世紀ごろ、北方から侵入してきたノルマン人（バイキングの子孫）が住みついたためこの名がつきました。この地方は、海岸が600km続き、漁業がさかん。モン・サン・ミッシェルの湾では、潮の干満差が大きく、潮が満ちると周辺の牧草地が海水につかります。その牧草で育つ羊の肉は「プレサレ」とよばれ、ほのかに潮の風味のあるノルマンディー名物となっています。

一方、ブルターニュは、大西洋とイギリス海峡にせりだしている半島で、5世紀末ごろ、この地方にイギリスから移住したケルト人が独自の文化をつくり上げました。ブルターニュも漁業のさかんな地方で、オマールエビ、ムール貝、カキなどが有名。やせた土地でも育つソバが、長いあいだよく食べられてきました。ソバ粉の生地でつくる塩味のクレープに、チーズや卵、ハムなどをのせて折りたたんだガレットは、ブルターニュの郷土料理として知られています。

プレサレのラムのロースト

ガレット

● アルザスとローヌ・アルプ

フランスの東部に位置するアルザスは、ライン川をはさんでドイツと接し、食文化にもドイツの影響が強くあります。名物料理には、シュークルートや、タルト・フランベ、お菓子のクグロフなどがあります。

シュークルート
酢漬けのキャベツにジャガイモやハム、ソーセージをのせて蒸し焼きにした料理。

タルト・フランベ
チーズとベーコンでつくるアルザス風のうすい生地のピザに似た料理。

クグロフ
ナッツやドライフルーツをまぜた生地を専用の型で焼いたお菓子。

フランス

また、アルプス山脈でスイスおよびイタリアとも国境を接するローヌ・アルプ地方の名物は、肉料理が中心で、ローストチキンや、はんぺんのような食感のすり身料理「クネル」などがよく食べられています。

マルシェ（市場）では、野菜類とともに、何種類ものハムやサラミ、チーズが売られています。スイスに近いサボワ地方ではチーズづくり（→p11）がさかんで、とかしたチーズをジャガイモにつけて食べる料理「ラクレット」が有名です。

ラクレット

プロバンス・アルプ・コート・ダジュール

南フランスは、地中海の青い海、明るい太陽、オリーブの木、そして、新鮮な魚介類で知られています。夏は乾燥して日ざしが強く、冬に雨が多い地中海性気候のプロバンスは、オリーブの名産地。オリーブの実は、10月末から12月にかけて収穫され、塩漬けやオイル漬けにして食用にするか、油をしぼってオリーブオイルにします。プロバンス料理の特徴のひとつは、オリーブの実やオリーブオイルをよく使うこと。

なお、マルセイユからニースあたりまでの地中海沿岸のコート・ダジュール（紺碧の海岸という意味）とよばれる美しい海岸線は、フランス人にとっては、あこがれのバカンス地です。

アキテーヌとミディ・ピレネー

アキテーヌのバスク地方の人びとは、新しいものを取り入れるのが得意で、異文化の食材だったトウガラシやチョコレートをヨーロッパではじめて取り入れたといわれています。バスク料理に、トウガラシは欠かせない調味料です。バスクの家庭料理としてもっともよく知られているのが、ピペラード。これは、ピーマン、ニンニク、トマト、タマネギをオリーブオイルで炒め、トウガラシを入れて煮たもの。これをシンプルにパンにのせたり、とき卵でとじて生ハムをそえたりして食べます。

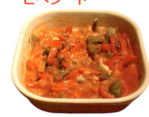

ピペラード

©Robin Kok, Rotterdam

アキテーヌやミディ・ピレネーの内陸地方では、トウモロコシを栽培してガチョウや鴨を飼っています。夏のあいだは放し飼いにして、秋になると運動させずに強制的にエサを食べさせて太らせます。その太ったガチョウの肝臓が、世界三大珍味のひとつといわれるフォアグラです。

フォアグラをとったあとのガチョウや鴨の肉は、ガチョウや鴨の脂をとかした鍋で、香辛料とともに低温でゆっくり煮こんで、コンフィをつくります。コンフィは冷えると、白くかたまった脂のなかに包まれるような形になり、長く保存できます。食べるときに、フライパンで皮がカリカリになるまで焼きます。コンフィと豚肉やソーセージ、白インゲン豆などを煮こんだ「カスレ」は、この地方の郷土料理です。

コンフィ

カスレ

3 わかるようでわからないフランス料理

フランス料理の代表的な料理といっても、イタリア料理のパスタやピッツァ、スペイン料理のパエリアというような、国を代表する料理はあまり思いうかばないのではないでしょうか。フランス料理の特徴について紹介します。

特徴はソース

日本人にとって、フランス料理といえば、世界の料理のなかでもなじみのある、よく知られた料理ですが、代表的な料理といってもよくわからない人が多いようです。フランスパンやさまざまなチーズを思いうかべる人もいるでしょうが、それらは料理ではありません。じつは、フランス料理の特徴は、ソースにあります。いろいろなソースをつくって食材にからめることで、料理のおいしさを大きく引き立てているのです。

ソースとは？

本では、とんかつなどのフライ料理にかけるソースのイメージが強いですが、もともと「ソース」は、フランス語からきた言葉で、調理の途中で使ったり、できた料理にそえたりする、液体やペースト状の調味料のこと。「フランス料理はソースで食べる」といわれるほど、ソースがよく使われ、種類もたくさんあります。

もっと知りたい！
ソースづくりのもとになる「フォン」

「フォン」とは、ソースをつくるときのもとになる「だし」の一種。煮こみ料理のベースにもなる。フォンは白いフォンと茶色いフォンの2つに大きく分かれる。白いフォンは、肉などの材料をそのまま水から煮こんだもの。茶色いフォンは、材料を炒めてから煮こんだもの。

フランス料理の基本のソース

ソース・ビネグレット
酢と油をかきまぜてつくるシンプルなソース。酢は、赤ワインビネガー、白ワインビネガー、シェリー酒ビネガー、アップルビネガーなどさまざまで、それによりソースの種類も広がっていく。

ソース・ベシャメル

グラタンやクリームコロッケなどに使われる。小麦粉をバターで炒めてから牛乳を加えてつくる。日本ではホワイトソースとよぶ。

ソース・オランデーズ
卵黄と水をゆっくりと火を通しながらあわ立てて、バターを加えてつくる卵とバターのシンプルなソース。ゆでた魚介や、野菜料理につけあわせることが多い。

ソース・エスパニョル

小麦粉をバターで炒めた茶色いルーと茶色いフォンでつくる茶色のソース。

©Edward Russell

ソース・ドゥミグラス
日本ではデミグラスソースとして知られる。ソース・エスパニョルにフォンを加えて濃い味に仕上げたソース。

ソース・トマト

トマトと香味材料を白いフォンでじっくり煮こんでつくるソースで、パスタにからめて使うことが多い。また揚げ物のソースにすることもある。

チーズ王国フランス

牛や羊、山羊などのミルクをレンネット（ミルクをかためるための酵素）や乳酸菌、カビなどのはたらきで発酵・熟成させてつくるチーズは、使うミルクのちがいや利用する細菌・カビのちがい、生産地の気候のちがいなどによって、個性的な風味と香りのチーズができるといわれています。フランスのチーズは、「ひとつの村にひとつのチーズ」といわれるほど種類が豊富です。ロックフォールやカマンベールなどは「原産地呼称統制（AOC）」という制度により、その製法や品質が保護されています。

ロックフォール
ミディ・ピレネー地方のロックフォール村が原産の青カビのチーズ。イタリアのゴルゴンゾーラ、イギリスのスティルトンとともに、世界三大ブルーチーズとよばれている。

カマンベール
ノルマンディー地方が原産の、白カビで表面がおおわれたやわらかいチーズ。白カビをつけて熟成させた濃厚な味わいと豊かな香りが人気。

シェーブル（サントモール）
シェーブルというのは、山羊の乳からつくられるチーズの総称。サントモールは、ロワール地方でつくられている、細長い円筒形が特徴の白カビのチーズ。

シェーブル（バランセ）
ロワール地方でつくられている山羊の乳のチーズ。ピラミッドのてっぺんを切りとったようなユニークな形と、酸味をやわらげるために木炭の粉をまぶしてあるのが特徴。

ミモレット
ベルギーとの国境に近いノール・パ・ド・カレ地方でつくられる、あざやかなオレンジ色のチーズ。ハードタイプで、オランダの有名なエダムチーズとよく似ている。

エポワス
ワインの名産地ブルゴーニュ地方のチーズ。ワインのしぼりかすからつくられる蒸留酒で表面を洗いながら熟成させるウォッシュタイプのチーズ。

トム・ドゥ・サボワ
ローヌ・アルプ地方のサボワでつくられている、保存性の高い「山のチーズ」。牛乳からバター用のクリームをとりのぞいた脱脂乳でつくるため、脂肪分が少ない。

コンテ
フランシュ・コンテ地方でつくられているかたいハードタイプのチーズ。フランス人のあいだでもっとも人気のあるチーズのひとつ。加熱してあるので、長期保存が可能。

モンドール
フランシュ・コンテ地方で、冬期しかつくられない貴重なチーズ。モミの木の樹皮を巻いて熟成させるため、木の香りがする。表皮の中はとろとろで、スプーンで食べる。

4 フランス料理の魅力

フランス料理のフルコースとは？ フランス料理がユネスコ無形文化遺産になった理由とは？ ここであらためてみてみましょう。

コース料理

日本でもレストランなどでは、ある決まった順序で1皿ずつ出す形式の食事があります。このような食事を、コース料理といいます。フランスでは、家でお客をもてなすときも、コース料理を出すのが正式だとされています。一般的には、前菜・主菜（肉または魚料理）・デザートの順で出されます。さらに「フルコース」とよばれる場合は、前菜にはじまり、スープ、魚・肉の主菜、そのあとにチーズ、そしてデザートの順に出されます。魚料理と肉料理のあいだに口直し用のシャーベットが出されることもあります。

全員が1品食べ終わると皿が下げられ、次の料理の皿が出されます。テーブルには、はじめからパンがそえられます。最後は、コーヒーなどの飲み物でしめくくります。なお、レストランなどで、コース料理ではなく単品で注文できる料理を「ア・ラ・カルト」といいます。

フランス料理フルコース

1 前菜
軽めの料理が出される。魚介類のなかでは、貝類は前菜として出されることが多い。

ホタテ貝のポワレ（蒸し焼き）

2 スープ
とろみのついた透明でないスープか、澄んだ液体のスープのどちらか。

キノコのポタージュ

3 主菜
魚料理または肉料理、両方のときもある。魚料理にはエビやカニもふくまれる。

シタビラメのムニエル

肉料理は、鶏、豚、牛、羊などの肉を焼いたり煮たりした料理が、つけあわせとともに盛りつけられる。

小鳩のロティ（焼いたもの）、フォアグラのポワレとトリュフのソース。

4 チーズ
フランス語でフロマージュという。数種類のチーズが出される。

チーズの盛り合わせ

5 デザート
フランス語ではデセールという。ケーキ類や果物が美しく盛りつけて出される。

ミルフィーユ。果物やハーブ、フルーツソースがそえられている。

フランス

ユネスコ無形文化遺産に登録

フランス料理が、2010年にユネスコ無形文化遺産に登録されました。

中世までのフランスの料理は、焼いたり煮たりしただけの肉料理とゆで野菜といった素朴なものでした。ところが、16世紀半ばに、当時ヨーロッパの文化の中心だったイタリアからフランス王アンリ2世のもとに、大富豪メディチ家のカトリーヌが多くの料理人を連れてとついできてから、しだいに料理が洗練されていったといわれます。

17世紀には、フランス国王ルイ14世は、ベルサイユ宮殿で毎日大勢の料理人に何十種類もの料理をつくらせていたといいます。その後の王たちも、料理人たちにぜいたくでおいしいものをつくらせたため、高度な調理法と豊かな味をもつフランス料理が確立しました。

その後、18世紀のフランス革命により、主権が王から市民の手にわたると、多くの宮廷料理人たちが、まちに出てレストランを開店したのです。こうして、王侯貴族のものだったフランス料理はフランス全土へと広がっていきました。

こうしたフランスの食の伝統と宮廷料理に起源をもつフランスの食文化がみとめられ、ユネスコの無形文化遺産に登録されたのです。

ベルサイユ宮殿でのルイ14世の食卓を再現したもの。

イタリア

地中海につきでた長ぐつのような形のイタリア半島と周辺の島じまからなるイタリア。西にフランス、北にスイスとオーストリアと国境を接しています。

正式名称／イタリア共和国
人口／6070万人(2016年1月)
国土面積／30万1000km²(日本の約5分の4)
首都／ローマ

言語／イタリア語(地域によりドイツ語、フランス語など少数言語あり)
宗教／キリスト教(カトリック)が国民の約80%。その他、キリスト教(プロテスタント)、ユダヤ教、イスラム教、仏教。

1 イタリアの風土と食文化

紀元前8世紀ごろよりギリシャ人などがイタリア半島南部やシチリア島に住みつき、ローマ帝国の繁栄とともにイタリアの食文化がつくられていきました。19世紀末まで小国に分裂していたこともあって、地域ごとに特徴のある食文化がみられます。

● 北イタリア

アルプス山脈のふもとに肥沃な平野が広がっていて、米の産地であり、米料理がよく食べられています。

米は、ねばりのあるジャポニカ米が中心。米を使った料理としては、炒めた米にスープを加えて炊き上げたリゾットなどがよく食べられています。

肉は、牛、豚、鶏をはじめ、羊、イノシシ、鹿などが食べられています。サラミやそのほかのソーセージ、生ハムなどの加工肉も、種類が豊富です。

これらの加工肉は、そのまま食べたり、サンドイッチにしたり、煮こみ料理の材料にしたりと、身近な食材となっています。

酪農もさかんにおこなわれているため、北イタリアの料理には、バターやクリームなどの乳製品が多く使われています。

リゾット
きのこ、肉、魚介類などの具を入れることもある。写真は、サフランを使ったリゾット。

＊豚肉や牛肉などを細かくしてニンニクや塩などで調味し、牛や豚の腸につめて乾燥させたソーセージ。

イタリア

南イタリア最大の都市ナポリ。世界三大美港のひとつとして名高い。

🟢 中部イタリア

中部イタリアは、古代、地中海を中心に領土を広げ、イタリアの食文化を発展させたローマ帝国の中心地でもありました。また、16世紀、トスカーナ州のフィレンツェを支配していたメディチ家から、フランス王室にとついだカトリーヌ・ド・メディシスが、おおぜいの料理人をつれていきました。彼らがフランスに食器や食事の作法を伝え、現在の洗練されたフランス料理の基礎をつくったといわれています（→p13）。

中部イタリアの料理は、北イタリア料理と南イタリア料理の特徴をあわせもつといわれています。

この地域では豆をよく食べます。トスカーナ州の人びとは「豆食い」とよばれるほどです。

タマネギなどの野菜類と牛ひき肉を炒め、ワインとトマトで煮こんだソースをからめたスパゲッティ・ボロネーゼ（ボローニャ風スパゲッティ）は、ボローニャのまちの名物です。イタリアにはこのように、まちや地域の名前をつけた料理が数多くあります。

えんどう豆をオリーブオイルで和えたつけあわせ。豆料理は春から夏にかけての旬の時期にとくによく食べられる。

スパゲッティ・ボロネーゼ

🔴 南にいくにつれて

南北に細長い国土のイタリアでは、南にいくにつれて、かわいた地中海性気候（→p24）が強まります。料理は、スズキやイワシをはじめ、タコやウナギなど豊富な種類の魚介類を焼いて、塩とオリーブオイルとレモンをかけるといったシンプルなものが好まれています。

南イタリアの料理に欠かせない食材といえば、トマトです。トマトは16世紀に南アメリカ大陸からヨーロッパにもたらされ、はじめは観賞用でしたが、1800年ごろから本格的に食材として用いられるようになりました。パスタ料理やピッツァ、魚料理、肉料理に幅広く使われています。

魚介類をふんだんに使ったイタリア南部の料理。

2 パスタ

日本ではパスタというとスパゲッティを思いうかべる人が多いですが、イタリア語のもともとの意味は、小麦を加工した食品全般のことです。イタリアのパスタの歴史は古く、紀元前4世紀ごろまでさかのぼります。

いろいろなパスタ

小麦粉を練ってつくるパスタには、細長い麺状のスパゲッティのほか、リングイーネ、フジッリやペンネなどの短いものや筒状のもの、平たいラザーニャ、つめ物をしたトルテッリーニなど、さまざまな種類があります。

南イタリアでは乾燥させた乾燥パスタ、北イタリアでは手打ちの生パスタがよく使われます。また、ゆでたジャガイモをつぶし、小麦粉と練って小さく丸めたニョッキもパスタのひとつです。

①**マッケローニ**
穴のあいた棒状パスタのこと。日本のマカロニはこのことばからきている。

②**ペンネ**
切り口がペン先のようなパスタ。

③**ペンネリガーテ**
ペンネにすじがついているパスタ(リガーテは、「すじがつけられた」という意味)。

④**ファルファッレ**
蝶の形をしたパスタ。

⑤**フジッリ**
糸巻きのような形をしているパスタ。

⑥**オレッキエッテ**
耳たぶの形をしたパスタ。

断面

⑦**スパゲッティ**
日本でもっとも一般的なパスタ。

断面

⑩**カペッリーニ**
髪の毛のように細くて長いパスタ。

⑧**リングイーネ**
リングイーネはイタリア語で「小さな舌」という意味。断面の形が小さな舌のようなので、この名前がついた。

⑪**フェットチーネ**
きしめんのように平たいパスタ。

断面

⑨**フェデリーニ**
糸のように細いパスタ。

⑫**ラザーニャ**
板状のパスタ。

イタリア

人気のパスタ料理

人気のパスタ料理のひとつに、卵とチーズ、パンチェッタ（豚バラ肉の塩漬け）で和えたスパゲッティ・アッラ・カルボナーラがあります。「カルボナーラ」は「炭焼き人風」という意味で、最後にかける黒コショウが炭のように見えるので、この名前がついたといわれています。

ペンネをトウガラシで辛くしたトマトソースで和えたペンネ・アラビアータや、平らなパスタでいろいろな具をはさんだラビオリなど、パスタの形とソースの組み合わせはたくさんあります。

板状のパスタ（ラザーニャ）をミートソースやホワイトソースと層状に重ねてオーブンで焼いた料理「ラザーニャ」も、パスタ料理の一種です。

スパゲッティ・アッラ・カルボナーラ

ラビオリ

ペンネ・アラビアータ

ラザーニャ

もっと知りたい！
パスタの法律

イタリアでは、伝統的な製法と品質をたもつことを目的にした、パスタに関する法律がある。

❶乾燥パスタは、デュラム小麦のあらびき粉を100％使用すること。

❷着色する場合は、天然の材料を使用すること。

❸卵入りパスタは、デュラム小麦1kgに対して全卵を200g以上使用すること。　　　　など

3 イタリアの味、ピッツァ

小麦粉を練って発酵させ、うすくのばして生地をつくり、窯で焼き上げるピッツァも、イタリアを代表する食べ物です。ピッツァの生地は南へいくほど厚くなるといわれています。

● ナポリとピッツァ

うすくのばした生地の上にトマトソースやチーズ、野菜やサラミ、ハム、魚介類をのせて焼くピッツァは、南イタリアのナポリで生まれたといわれています。トマトソースとモッツァレラチーズ、バジルの組み合わせのピッツァ・マルゲリータは、イタリアを統一した王の妃マルゲリータが19世紀末にナポリをおとずれた際にこのピッツァが献上されたことにより、その名がついたといわれています。

> **もっと知りたい！**
> ### ピッツァの由来
> ピッツァはイタリア発祥の食べ物だといわれているが、平らなパンにニンニクやハーブで風味づけしたものが、古代ギリシャで食べられていたという。また、フォカッチャ（→p19）の上に具材をのせたものがもっと古くからあり、さらにその原型はエジプトから伝来したとする説もある。

マルゲリータ
バジルの緑、モッツァレラチーズの白、トマトの赤がイタリアの国旗をあらわしているともいわれる。

窯の火でピッツァを焼くピッツァ専門店（ピッツェリア）。

イタリア

● いろいろなピッツァとパン

今では日本でも、いろいろな名前のピッツァが知られています。また、ピッツァをふたつ折りにし、中に具を入れて焼いたカルツォーネや、小麦粉からつくる生地に油をぬって焼いたフォカッチャというパンも知られてきました。

マリナーラ
生地にトマトでつくったソースをぬって、オリーブオイルをふったピッツァ。

カルツォーネ

フォカッチャ
岩塩やハーブで風味がつけられているものも多い。

クアトロ・フォルマッジ
具材に4種類のチーズを使ったピッツァ。

クアトロ・スタジョーニ
生地を4つの区画に分け、区画ごとに異なる4種類の具材をのせて焼いたピッツァ。

19

4 スープとドルチェ（デザート）、ハム・チーズ

イタリア人にとって、食事にはスープとドルチェが欠かせないといいます。また、ハムとチーズも欠かせません。

人気のスープ

豊富なスープのなかでも、ミネストローネはイタリア人がもっとも好むスープのひとつです。ニンジン、セロリ、タマネギなど、たっぷりの野菜を炒めてから煮こんだスープで、好みですりおろしたチーズやオリーブオイルをかけて食べます。

また、レンズ豆、ひよこ豆、白いんげん豆などの豆類を使ったスープもよく食べられています。

ミネストローネ

ひよこ豆のスープ

人気のドルチェ

イタリアでは、デザートのことをドルチェといいます。なかでも、マスカルポーネというクリームチーズとコーヒー風味のスポンジを重ねて、ココアパウダーをかけたティラミスが人気で、家庭でもよくつくります。

また、パンナコッタという、生クリームを煮つめてゼラチンでかためたものも人気です。

ジェラート（乳脂肪分が少ないアイスクリーム）を食事の最後に食べる人も多くいます。バニラ、チョコレート、イチゴなど多種類のジェラートがあります。

ティラミス

ジェラート

イタリア

地域に根ざした生ハムとサラミ

イタリア北部のパルマでは、プロシュートという生ハムが多くつくられています。豚の骨つきもも肉を塩漬けしたあと長期間乾燥・熟成させるという、昔ながらの方法でつくられています。プロシュートは、世界三大生ハムのひとつにかぞえられています。

また、地方ごとに特徴あるサラミがつくられていて、それぞれのサラミにはその土地の名前がつけられています。

プロシュート
スライスしたプロシュートとメロンをいっしょに食べるのはイタリアの定番前菜。

プロシュートをうすくスライスする。

ミラノ
イタリア北部の都市ミラノの伝統的なサラミ。米つぶくらいの大きさの背脂を入れてつくられる。

ロマーナ
ローマの代表的なサラミ。長方形のような形が特徴。

イタリアのチーズ

チーズは、パスタやリゾット、ピッツァなどの料理に欠かせない食材です。イタリア北部では、牛乳からつくられるチーズが多く、中部から南部は羊の乳からつくられるチーズが多いようです。

代表的なチーズとして、日本では粉チーズとして知られる「パルミジャーノ・レッジャーノ」があります。北東部の都市パルマとレッジョ・エミリアの周辺でつくられることからこの名前がつきました。南部では、熟成させないタイプのチーズである「モッツァレラ」が有名です。

世界三大ブルーチーズのひとつのゴルゴンゾーラや、イタリア最古のチーズだといわれるペコリーノ・ロマーノなど数百種類のチーズがあります。

パルミジャーノ・レッジャーノ
パスタやスープの仕上げにすりおろしたり、リゾットにかけたりする。

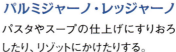

モッツァレラ
本来は水牛の乳からつくられていたが、最近は牛乳で代用されることも多い。

ゴルゴンゾーラ
青カビが特徴。クリーミーで独特の風味がある。

ペコリーノ・ロマーノ
ローマ周辺でつくられてきた羊の乳の硬質チーズ。

21

5 イタリアの食生活

イタリアでは、朝食をきちんととる人はあまり多くありません。そのかわり、昼食をしっかりとります。自宅に帰って昼食をとる人もいます。

● イタリア人の一日の食事

イタリアでは、朝食は午前7時ごろにビスコッティ（二度焼きしたかたいビスケット）をカフェラッテやカプチーノにひたして食べるか、飲み物だけという人が多いようです。カフェラッテは、エスプレッソとよばれる濃いコーヒーに同量のミルクを入れたもの。カプチーノは、エスプレッソの上にあわ立てたミルクをのせたものです。なじみのバール（気軽に立ちよってコーヒーや軽食をとれる店）でカフェラッテやカプチーノを飲むだけで仕事にいく人もたくさんいます。

また、10時におやつの時間があり、仕事をひと休みしてバールでコーヒーと軽食をとります。子どもはジュースやパンを学校にもっていきます。

昼食は、午後1時ごろがふつうです。パスタや魚または肉料理と野菜のつけあわせなどを食べます。4時ごろにもおやつの時間があります。

夕食は、午後8時ごろ。スープとかんたんな料理、またはピッツァが多いといいます。

● シエスタの習慣

イタリアでは、昼食を1時ごろから2時間くらいかけてゆっくりとるのがふつうです。働いていても、自宅までもどって食事をとる人が少なくありません。

かつて、昼食後には「シエスタ」という昼寝をする習慣がありました。お昼をすぎた2時前後の時間帯はあまりに日ざしが強く、外出をひかえたためだといわれています。最近は都市部を中心にこの習慣もなくなりつつありますが、地方によっては、まだまだシエスタの習慣が残っています。

もっと知りたい！
バール文化

イタリアのまちには、かならず1軒は「バール(Bar)」とよばれるカフェ（喫茶店）があり、エスプレッソを立ち飲みで楽しんでいる人をよく見かける。日本で「バー(Bar)」というと、夜にお酒を飲むところをイメージするが、イタリアでバールを利用するのは、おもに朝やお昼、休憩のとき。

イタリアの首都・ローマにあるバール。気軽に立ちよってコーヒーや軽食をとれる。

ビスコッティ

イタリア

● イタリアのコース料理

イタリアのコース料理は、アンティパストからはじまり、ドルチェで終わります。

イタリア料理フルコース

1 アンティパスト

「食事の前の」という意味で、食欲を高める目的があり、温かいものと冷たいものがある。

生ハムとチーズの前菜

2 プリモ　ピアット

「第一の皿」という意味。パスタやリゾット、ピッツァ、ズッパ（スープ）がこれにあたる。

トマトソースのパスタ

3 セコンド　ピアット

「第二の皿」という意味で、いわゆるメインディッシュ（主菜）。肉や魚の煮こみ料理やソテー、揚げ物など。

鶏肉のカッチャトーラ

4 ドルチェ

デザートのこと。ティラミスやパンナコッタ、ビスコッティ、ジェラートなど、たくさんの種類がある。

パンナコッタ

もっと知りたい！
スローフード運動

　豊かな食をほこってきたイタリアにも、近年、大量生産や合理化により、よく似た食事が出され、まちにはファストフード店が多くなった。そうしたなか、地域に根ざした特産物や料理が消えてしまうと心配した人たちがはじめたのが、スローフード運動。すぐに食べることができ、どこにいっても同じような味であるファストフードに対し、安さ・はやさなど便利さだけにとらわれず、地域の特徴や食べ物の個性をいかしてつくられるものをたいせつにし、質のよい食べ物をつくる生産者を守るとともに、人びとにほんとうの味を伝えることを活動の中心としている。

地中海料理

地中海周辺の地中海性気候の地域共通の食文化、地中海料理。ギリシャ・イタリア・スペイン・モロッコ、クロアチア・ポルトガル・キプロスの共同申請でユネスコ無形文化遺産に登録されました。

1 地中海性気候と食文化

地中海性気候とはケッペンの気候区分*のひとつで、冬は温暖で雨が多く、夏は高温で乾燥するのが特徴です。そうした気候のもとにある地域には、共通の食文化がみられます。

● 地中海料理と健康

地中海は、ヨーロッパ・アジア・アフリカの三大陸にかこまれた東西に細長い内海です。

地中海料理というのは、特定の料理のことではなく、地中海性気候に属する地中海周辺地域にみられる伝統的な食文化のことをさします。

この地域では、右下に示す「食のピラミッド」のように、全9層に分けられる食品をそれぞれ、毎日、週に数回、月に数回食べるようにしています。つまり、季節の野菜や果物、穀物、豆類、オリーブオイルをふんだんに使い、乳製品や肉類をバランスよく組み合わせて食べているのです。

じつは、この地域の人びとは、心臓病や糖尿病といった生活習慣病にかかる人が少ないという研究報告があります。その背景には、この地域の食生活が関係していると考えられ、近年、世界中から注目されているのです。

ギリシャ、イタリア、スペイン、モロッコが2010年に、ついで2013年に、クロアチア、ポルトガル、キプロスが追加でユネスコ無形文化遺産への登録を申請したのは、こうした地中海式食生活を次世代に引きついでいく目的からでした。

「ケッペンの気候区分」における、地中海性気候に属する地域。

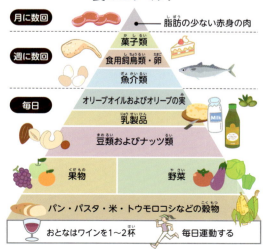

食のピラミッド

*ドイツの気象・気候学者であるケッペンが考案した気候区分のことで、地中海に象徴的にみられる気候が、地中海性気候。

地中海料理

● パスタとクスクスそして米

地中海料理に共通する穀物は、小麦。小麦粉を練ってつくるパスタは、地中海の北側のヨーロッパでは、どの国でもよく食べられています。もともと北アフリカのモロッコなどで人気のクスクスも、今では対岸のフランスやイタリア、スペインの地中海沿岸地方でもよく食べられるようになりました。クスクスは、デュラム小麦のあらびき粉に水をふりかけて、指でもんで小さなつぶ状にしたものです。直径はほんの数ミリしかなく、世界最小のパスタといわれています。

また、イタリアやギリシャでは、米料理もよく食べます。さまざまな具を入れてつくるピラフやリゾットは、地中海沿岸の全域で人気の料理となっています。また、スペイン南部のバレンシア地方は米の産地で、米と魚介類などを使った炊きこみご飯のパエリアが有名です。

トマトの中に調理した米や野菜などをつめてオーブンで焼いた、「ゲミスタ」というギリシャ料理。

もっと知りたい！
タコは悪魔？

タコを「悪魔の魚」とよび、食べるのを敬遠する人が多いヨーロッパでも、地中海沿岸の国ぐにではタコをよく食べる。ギリシャでは、半日ほど干してから炭火で焼き、塩とオリーブオイル、香辛料のオレガノをふりかけて、レモンをしぼって食べる。酢などに漬けこむマリネやワイン煮も人気だ。

タコのグリル

● 種類豊富な魚介類

地中海沿岸地方の市場では、日本人にもなじみのある、カジキやタラ、イワシをはじめ、エビやイカ、アサリなど多くの魚介類が売られています。しかし、ヨーロッパでは、新鮮なものでも、生で食べることはなく、さっと塩焼きにしたり、オリーブオイルでソテーしたり、油で揚げたりして食べることが多いようです。

イワシを発酵させてつくるアンチョビーは、ピッツァにのせたり、パスタ料理やバーニャ・カウダのソースとしてよく使われます。バーニャ・カウダというのは、オリーブオイルにアンチョビーとすりつぶしたニンニクをまぜたソースを温めながら、野菜につけて食べる料理です。

バーニャ・カウダ

春の終わりから夏のはじめにかけて、クロマグロが大西洋から地中海に入ってきます。昔から地中海ではマグロ漁がさかんにおこなわれてきました。そのマグロを、オリーブオイルでソテーして食べます。

スペインのアンダルシア地方の漁村でおこなわれるクロマグロの定置網漁。

2 ギリシャ（正式名称 ギリシャ共和国）

ギリシャは地中海料理の中心地。夏は高温で乾燥するギリシャでは、オリーブやブドウの栽培と山羊や羊の飼育がさかんにおこなわれ、地中海の食文化をはぐくんできました。

● チーズとヨーグルト

ギリシャの土地の多くはやせていて、穀物の栽培には向いていません。そこで昔から、山羊や羊の乳からつくるチーズやヨーグルトづくりがさかんにおこなわれ、ギリシャの人びとの重要な食料となってきました。現在も、1人当たりのチーズを食べる量は、世界のトップクラスです。ギリシャ人がもっとも好むチーズは、紀元前からずっとつくりつづけられているというフェタチーズです。このチーズは塩漬けにして保存されるため、とても塩味が強いのが特徴です。

ギリシャ人は、ヨーグルトも毎日食べています。ヨーグルトに、みじん切りにしたキュウリやニンニク、オリーブオイルを加えてつくるザジキというヨーグルトソースは、ギリシャ料理に欠かせません。

フェタチーズ

ザジキ

● 肉料理

ギリシャでは、山羊や羊の肉をよく食べます。もっともシンプルな肉料理は、肉を串にさして炭火で焼いたスブラキです。スブラキには、牛肉や豚肉、鶏肉も使われます。また、ムサカという、ナス、羊のひき肉、ジャガイモを重ねた上にホワイトソースをのせて焼いた料理も人気です。

羊肉のスブラキ

ムサカ

地中海料理

ギリシャ人の一日の食事

ギリシャの朝ははやく、午前7時から8時ごろには仕事や学校がはじまり、午後2時ごろには終わります。冬は、この時間が1時間ほどおそくなります。朝食は、ほとんどの人がパンと飲み物ていどですませます。昼食までにおなかがすいたときは、クルーリというパンやスパナコピタ（ホウレンソウパイ）などで軽く間食をとります。

一日のメインの食事は昼食です。パンとサラダ、パスタや肉または魚の料理をたっぷりと食べます。昼食をしっかりと食べるので、夕食は、午後9時すぎからはじまるのがふつうです。子どもたちもこの時間にそろって食べます。

シエスタ（→p22）の習慣も残っています。日ざしの強いギリシャでは、午後にゆっくりと休み、夕方以降の活動にそなえるのです。多くのまちでは、午後1時ごろから5時ごろまでは店もしまり、まちはひっそりとします。この時間帯は、各家庭でも大きな音を出さないよう気をつけます。まちがにぎやかになるのは、夕方をすぎてからです。

しかし最近は、イタリアと同じで、午後も仕事をする人がふえ、シエスタの習慣はくずれてきています。

クルーリ
ドーナツ型のゴマつきパン。

スパナコピタ
パイの具材は、ゆでたホウレンソウとフェタチーズなどをまぜたもの。

ギリシャのもてなしの心

ギリシャ人は社交的で、家庭でパーティーなどをよく開き、友だちとすごします。天気がよいときはテラスにテーブルを出し、手間ひまかけた料理を、大勢の仲間と会話を楽しみながら味わうのです。こうした席では、自家製のワインや、ハーブや香辛料で風味づけしたギリシャ独特の酒・ウゾでもてなすことも少なくありません。

このようなもてなしを「ケラズマ」といい、見ず知らずの旅行者をもてなすギリシャ人も少なくありません。ギリシャ人は、ケラズマの心をたいせつに守っています。

もてなしの心のこもった料理がならぶホームパーティーのテーブル。

27

3 クロアチア (正式名称 クロアチア共和国)

クロアチアは、地理的にも歴史的にも周辺の国ぐにの影響を強く受けてきました。料理や食文化についても、地方ごとにまわりの国の影響が大きくあらわれています。

● クロアチアの地中海料理

クロアチアでは、沿岸部でも内陸部でも、オリーブが栽培されていて、上質のオリーブオイルを生産しています。ブドウ栽培も古くからおこなわれ、おいしいワインを生産しています。また、海に面しているため漁業がさかんです。各地の市場では、新鮮な野菜をはじめ、とれたての魚介類を手に入れられるなど、地中海料理の食材にめぐまれています。

ムール貝とエビの「ブザーラ」。ブザーラはもともと、クロアチア語でシチューの意味だが、白ワインやニンニク、オリーブオイル、ハーブなどを加えて蒸し煮にしたシーフード料理をさす。

アドリア海につき出たまち、ドゥブロブニク。1979年に世界遺産となった。

シュカンピ(手長エビ)のブザーラ。

地中海料理

クロアチアにクロアチア料理はない?

「クロアチアにクロアチア料理はない」といわれることがあります。それは、次のような背景によります。

地中海性気候に属するアドリア海沿岸部は、イタリアの地中海料理に似たシーフードが中心の地中海料理で、これがユネスコ無形文化遺産に共同登録されています。アドリア海につき出たイストラ地方は、世界三大珍味のひとつといわれるきのこ「トリュフ」の名産地です。

一方、内陸部の中央クロアチア、スラボニア地方などは、おもにトルコ、ハンガリー、オーストリアの影響を受けた肉を中心とした料理をつくります。以上のような多彩な食文化をもつため、クロアチアの独自性がうすいといわれるのです。

クロアチアの市場

首都ザグレブでもっとも古い市場のドラツ市場は、食べ物はなんでもそろうので、「ザグレブの胃袋」ともよばれています。

古い重厚な建物のあいだにある広場では、朝6時から午後2時ごろまで青空市場が開かれています。

世界遺産のまち、ドゥブロブニクの旧市街で開かれる青空市場も有名です。

ドラツ市場

うすい肉でチーズやハムを巻いて揚げた「ザグレブ風カツレツ」(上)。オーストリアのウィーン風カツレツ「ウィンナー・シュニッツェル」(左)とよく似ている。

クロアチアの代表的なデザートのひとつ「パラチンケ」(生地にチョコレートソースをぬって巻いたお菓子)も、オーストリアやハンガリーの影響を受けたもの。

もっと知りたい!
クロアチアの万能調味料「ベゲタ」

クロアチアのスーパーマーケットは、ハムやチーズ、オリーブオイルなどの食料品から日用品まで、品ぞろえが豊富。そのなかでよく売れているといわれているのが、乾燥野菜などを配合した万能調味料「ベゲタ」。これをふりかければ、どんな料理もおいしくなるといわれている。

4 キプロス（正式名称　キプロス共和国）

地中海でシチリア島、サルデーニャ島に次いで3番目に大きな島のキプロス島。ヨーロッパとアジア、アフリカを結ぶ航路にあるため、古くから文化の十字路として栄えてきました。

● 地元の食材によるキプロス料理

キプロスでは、地中海の海の幸とオリーブやブドウ、オレンジなどの果実や野菜類がとても豊富です。こうした地元の食材でつくられるキプロス料理が、2013年、地中海料理として無形文化遺産に共同登録されました。

キプロスの人びとに愛されているハルミチーズは、山羊や羊、牛の乳をまぜてつくる、さっぱりした塩味の白チーズです。魚介類の料理法は、イタリア、ギリシャなどほかの地中海地域と似ていますが、異なるのは、ミントやコリアンダーなどのハーブがよく使われることです。

キプロス島

キプロス島は、昔から地中海貿易の中継地として栄えてきた。1878年にイギリスの直轄統治領になるが、1960年にキプロスとして独立。ところが1974年トルコがトルコ系住民の保護を目的に北部を占領。地中海料理をユネスコ無形文化遺産に共同登録をしたのは、南部のキプロス共和国である。

新鮮な野菜や果物がならぶ市場。

ギリシャ神話に登場する愛と美の女神アフロディーテ（ビーナス）が誕生したとされる、キプロス島南部の海岸。

地中海料理

● キプロスの人気料理

キプロスのレストランでは、チーズやオリーブの前菜からはじまり、魚や肉料理の主菜、そしてデザートという、「メゼ」とよばれる小皿料理を楽しむことができます。下で紹介するのは、キプロスの人気料理です。魚介や肉、チーズなどの素材の味を生かしたキプロス料理は、日本人好みといわれています。

カラマリ
キプロスでは、ギリシャやスペインと同じように、タコやイカをよく食べる。写真は、カラマリ（イカ）のフライ。

アフェリア
豚肉を、コリアンダーの実を入れた赤ワインにひと晩漬けてから煮こんだもの。キプロスの肉料理の代表。

スブラキ
香辛料を使ったトルコ発祥の肉料理ケバブを、キプロスではギリシャと同じくスブラキという。

ハルミチーズの網焼き
キュッキュッと独特のかみごたえがおいしいハルミチーズは、軽く焼いて食べることが多い。

キプロスのメゼ。

© shimura akiko（CYIS）

5 ポルトガル（正式名称　ポルトガル共和国）

ポルトガルは、イベリア半島南西部に位置し、大西洋に面する国で、国土面積は日本の約4分の1ほどです。ポルトガルの食文化は2013年、「地中海料理」として、クロアチア・キプロスとともに無形文化遺産に追加登録されました。

● ポルトガルの風土と食文化

ポルトガルは、国民のほとんどがキリスト教徒（カトリック）です。キリスト教国にはパンが欠かせません。首都リスボンを中心としたポルトガル南部では、朝食は、焼きたてのパン（フォガサ）にバターをぬり、チーズといっしょに食べます。飲み物は、おとなは濃い目のコーヒー（エスプレッソ）、子どもはミルクがふつうです。

フォガサ

代表的な米料理、タコの入ったリゾット「アロース・デ・ポルボ」。

米を牛乳とバター、砂糖で甘く煮た「アロース・ドゥセ」というデザート。

また、米をよく使うのが、ポルトガル料理の特徴のひとつです。ヨーロッパではもっとも米を多く食べる国といわれています。米は、ニンニクで風味をつけたり、タマネギやニンジンといっしょに炊いたりします。魚介類や肉といっしょに煮こむ料理もいろいろあります。また、スープやサラダに使ったり、甘く味つけをしてデザートにしたりします。

スーパーには、さまざまな種類の米がならんでいる。

地中海料理

ポルトガルの代表的な料理

ポルトガル料理の特徴は、オリーブオイルやニンニクをよく使い、香辛料やハーブで素材の味を引き立てる、シンプルな味つけです。

ポルトガルでは、前菜からはじまり、スープ、主菜、デザートまで、時間をかけてゆったりとコース料理を食べるのがふつうです。

イタリアと同じく、スローフード（→p23）を楽しんでいます。

典型的なコース料理は、次のようです。

ポルトガル料理フルコース

1 前菜

干しダラ（バカリャウ）とジャガイモのコロッケ「パスティス・ドゥ・バカリャウ」、オリーブ、パプリカのマリネ、チーズの盛り合わせなどが一般的。

店で売られているバカリャウ。

パスティス・ドゥ・バカリャウ

2 スープ

ポルトガルのみそ汁ともいわれる定番の野菜スープ「カルド・ベルデ」。ポルトガル語で「緑のスープ」という意味。

カルド・ベルデ

3 主菜

バカリャウをジャガイモやタマネギ、トマトと煮こんだ料理や、「サルディーニャス・アサーダス」とよばれる、イワシの炭火焼きなどがよく食べられている。また、魚介類や野菜を鍋で蒸し煮にしたカタプラーナが人気。

サルディーニャス・アサーダス

カタプラーナ

4 デザート

プディングやケーキ類、果物類。

6 スペイン（正式名称　スペイン王国）

南ヨーロッパのイベリア半島の大部分をしめるスペインでは、南部は地中海料理ですが、広大な国土には、気候風土のちがいなどからさまざまな食文化が存在します。

● スペインの地中海料理

スペイン南東部の地中海に面した地域は温暖な気候で、野菜や果物、魚介類など、食材が豊富です。バレンシア地方は米の産地でもあり、米とエビやイカ、ムール貝などの魚介類や肉、野菜などを使った炊きこみご飯のパエリアが有名です。また、ポルトガルと国境を接する南西部の地域は牧畜がさかんで、世界三大ハムのひとつといわれるハモン・セラーノ（生ハム）の産地として世界的にも知られています。おもにどんぐりを食べさせて伝統的な放牧で育てたイベリコ豚（スペイン原産の黒豚）からつくられたハモン・イベリコは、最高級品とされています。

南部のアンダルシア地方では、トマトなどの生野菜でつくる冷たいスープのガスパチョが名物料理となっています。豚肉をきざんで脂とスパイスをまぜてつくるソーセージの一種チョリソやハモン・セラーノなどの加工肉は、スペイン料理の基本的な食材となっています。

● 各地の郷土料理とオリーブ

パエリアは、もともとはバレンシア地方の郷土料理でしたが、全土に広まり、魚介類のかわりにカタツムリやウサギの肉も使われるなど、今では、魚介類や肉、野菜などを使った、さまざまなパエリアが各地でつくられています。

地中海料理に欠かせないオリーブオイルは、じつはスペインが生産量世界一をほこっています。このため、スペインでは、どの地方の料理でもオリーブオイルがふんだんに使われます。バターのかわりに、オリーブオイルをパンにつけて食べる人も多くいます。

ハモン・セラーノ
おもに白豚の肉でつくられる生ハム。

バレンシア地方の伝統的なパエリアをつくるシェフ。

ガスパチョ　パエリア

地中海料理

スペイン料理の特徴

フランスと国境を接しているバスク地方では、パセリを使った緑、赤ピーマンを使った赤、イカスミを使った黒のソースなどが料理によく使われるなど、ソースを特徴とするフランス料理の影響がみられます。

ビスケー湾に面したガリシア地方は、新鮮な魚介類を使った料理がたくさんあり、タコはこの地方の名物のひとつです。

国の中央部では、肉料理がいろいろあります。肉と野菜、ひよこ豆を煮こんだスープのコシード、子豚の丸焼きなどが有名です。

地域ごとに特徴のあるスペイン料理ですが、オリーブオイルをふんだんに使うのは共通していて、サラダ、マリネ、揚げ物など幅広い料理に用いられます。

ガリシア地方ではタコをよく食べる。

スペイン中央部の名物、子豚の丸焼き。生後20日ほどの子豚を使う。

代表的なタパス（→p36）のひとつ、トルティージャ（ジャガイモ入りのスペイン風オムレツ）。

バカラオ（干しダラ）を使ったバスク地方の代表的な魚料理。

カタルーニャ地方のブティファラ（ソーセージ）と豆の料理。

一日5食の食事

スペイン人は、午前と午後のおやつのような軽食をふくめて、1日に5回の食事をするのがふつうです。

朝食デサジューノは、パンや細長い揚げ菓子のチュロと、カフェ・コン・レチェ（ミルク入りコーヒー）やチョコラーテ（ココア）などでかんたんにすませます。

午前11時ごろはオンセとよばれる間食の時間で、ボカディージョ（サンドイッチ）やスナック類をつまみます。

一日の中心の食事となる昼食のコミーダは、レストランなどでは午後2時ごろから食べはじめ、イタリア料理と同じように（→p23）、第一の皿、第二の皿、デザートというコース料理を2時間ほどかけて食べるのが一般的です。このとき、ワインを飲むこともめずらしくありません。

昼食は自宅へもどって家族とともに食べる人が多いので、この時間はレストラン以外の店は休憩時間となります。ギリシャ、イタリアと同じく、シエスタの習慣（→p22）もあります。

夕方のメリエンダとよばれるおやつの時間には、大衆酒場バルは、タパスという小皿料理（つまみ）と酒を楽しむ人でにぎわいます。夕食は午後9時ごろからとおそく、スープやボカディージョやタパスなどで軽くすませるのがふつうです。

ボカディージョ

チュロとチョコラーテ

レストランで昼食をとる人たち。

もっと知りたい！

「バル」とは

スペインでは、どこのまちにもイタリアのバール（→p22）にあたる店がある。それがバルだ。人びとはバルに立ちよって飲み物を飲んだり、タパスを食べたりする。気軽に利用できる食堂として、家族で利用する家庭も少なくない。

タパスにも、生ハムや、スペイン風オムレツのトルティージャ、イワシのマリネをはじめとして、ハム類、魚料理、肉料理、野菜料理など、たくさんの種類がある。

さまざまなタパスがならぶ、まちのバルのカウンター。

復活祭

キリスト教徒の多い国ぐにでは、十字架にはりつけになったイエス・キリストの復活を祝うお祭り「復活祭」はたいせつな行事です。毎年、春分のあとの最初の満月直後の日曜日に、特別な料理とともに盛大に祝われます。

スペインの復活祭

スペインはカトリック教徒の多い国です。復活祭までの40日間（四旬節）*1 は、肉や卵を食べない習慣があり、かわりにバカラオ（干しダラ）をつかった料理が伝統的に食べられます。

復活祭までの1週間は「セマナ・サンタ（聖週間）」とよばれ、盛大に祝われます。スペイン各地で、キリスト像やマリア像をのせた「パソ」（山車）が教会からかつぎだされ、信者とともにまちを練り歩きます。四旬節があけた復活祭には、ゆで卵とソーセージや生ハムが入ったパイ「オルナソ」など、肉や卵をつかった料理が食べられます。

オルナソ

キリスト像をのせた「パソ」と人びとの行列。

ギリシャの復活祭

四旬節の前におこなわれるカーニバルの仮装行列。

ギリシャでは、国民の9割以上がギリシャ正教を信仰しています。アポクリエス（カーニバル）の祭りの期間が終わると、復活祭までの40日間（大斎）は、肉や乳製品、卵などの動物性の食べ物はいっさい口にできないとされています。最後の1週間は酒もオリーブオイルも口にしません。最近はこれらを忠実に守る人は少なくなりましたが、それでも最後の1週間はほとんどの人が動物性の食事を断ちます。復活祭の日はギリシャ全土がお祝い気分におおわれ、赤くそめた卵、子羊の丸焼き、マギリッツァ*2 というスープ、特別なクッキーやケーキといったごちそうがならびます。

*1 正教会では「大斎」という。
*2 米と子羊の内臓をハーブと煮た、レモンの酸味がきいたスープ。

かたゆでして赤くそめた卵とパンは、復活祭に向けて前もって準備しておく。

ドイツ

ドイツはヨーロッパのほぼ中央に位置する国です。西はフランスやオランダ、東はポーランドやチェコ、バルト海をはさんで北ヨーロッパの国ぐにと、多くの国にかこまれています。

正式名称／ドイツ連邦共和国
人口／8177万人（2015年）
国土面積／35万7000km²（日本の約94％）
首都／ベルリン
民族／ゲルマン系を主体とするドイツ民族（在留外国人数約911万人）（2015年連邦統計庁）
宗教／カトリック（29.9％）、プロテスタント（28.9％）、イスラム教（2.6％）、ユダヤ教（0.1％）（連邦統計庁）

1 ドイツの風土と食文化

ドイツには、質のよい食材をむだなく、ていねいに調理した料理が数多くあります。ソーセージなどの加工食品やパンなど、地方ごとに特色のある食べ物があります。

保存食の多いドイツ

冬の寒さがきびしく、食材が不足しがちなドイツでは、長く保存のきくジャガイモを使う料理が多くみられます。また、豚などの腸を使ってつくるソーセージ類（ドイツでは「ブルスト」という）は、1頭をむだなく利用するために保存食として工夫されてできた食品です。フランクフルトソーセージやミュンヘンの白ソーセージのほか、地方ごとにさまざまな種類があります。

そのほか、野菜のとれない冬にそなえるため、野菜を塩漬けや酢漬けにした保存食も発達しました。ザワークラウト（塩漬けの発酵キャベツ）は、ソーセージのつけあわせとしてよく食べられています。

ザワークラウト

一日に1度の温かい食事

ドイツの家庭では、朝と夜は調理に火を使わない冷たい料理を食べ、昼食だけ温かい食事をとるのが一般的です。

朝食は、パンをソーセージやハム、チーズ、卵、魚の酢漬け、ジャムなどとともに食べ、昼食は、ボリュームたっぷりの肉と、つけあわせのジャガイモ料理を中心にしっかり食べます。肉料理には豚、牛、鶏などの肉が使われます。南ドイツでは、野ウサギや鹿、キジ、イノシシなどが人気です。

北海やバルト海に面した北部の地域では、魚もよく食べられています。アール・ズッペというウナギのスープが有名です。

ただし、現在では、仕事をもつ母親が多くなったことが影響して、家族がそろう夕食で一日の中心となる料理をとる家庭がふえてきたといいます。

ドイツ

🟠 パンをよく食べる

ドイツはパンの種類が豊富で、その消費量はヨーロッパ随一ともいわれています。ドイツ北部は、寒くて小麦がつくれなかったので、やせた土地でも育つライ麦などの雑穀を使った、黒くて酸味のあるパンが多くつくられてきました。

ドイツのパン屋。小麦粉でつくった白いパンのほか、ライ麦などでつくった黒いパンがならぶ。

一方、南部では小麦粉からつくる白くて軽いパンが主流です。小麦粉からつくるプレッツェルというパンは、独特なむすび目の形をしています。何百年ものあいだ、この形がパン職人組合の紋章に使われていたほど古くからつくられ、親しまれてきました。

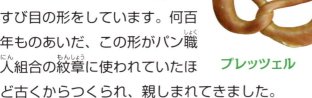

プレッツェル

朝食には、角の形をした小麦粉のパンのヘルンヘンなど軽めのパンが、夕食にはずっしり重みのあるライ麦パンのプンパニッケルなどがよく食べられます。プンパニッケルは、ハムやチーズをのせて、フォークとナイフを使って食べるパンです。

プンパニッケル

🔴 お菓子もよく食べる

ドイツの主婦は、料理よりもケーキづくりに情熱を燃やすといいます。週末の午後などに友だちとおしゃべりしながら、何種類ものケーキを焼いたり食べたりします。

ドイツ南西部の森林地帯であるシュバルツバルトの名産さくらんぼを使った、チョコレート生地のシュバルツバルター・キルシュ・トルテは、人気のケーキのひとつです。秋には、ツビーベル・クーヘンがよくつくられます。たっぷりのタマネギをベーコンと炒めたものを具にして焼いた、甘くないパイのようなものです。

日本でもよく知られているバウムクーヘンは、バター、小麦粉、砂糖などでつくる層状のお菓子。切り口が木の年輪のように見えます。

シュバルツバルター・キルシュ・トルテ

ツビーベル・クーヘン

バウムクーヘン

バウムはドイツ語で「木」、クーヘンは「ケーキ」という意味。写真はチョコレートがかかったもの。

イギリス

イギリスは西ヨーロッパに位置する島国。スコットランド、北アイルランド、ウェールズ、イングランドの4つの地方からなる連合王国です。19世紀には、広大な地域を支配下におく大帝国でした。

正式名称／グレートブリテンおよび北アイルランド連合王国
人口／6511万人（2015年）
国土面積／24万3000km²（日本の約3分の2）
首都／ロンドン
言語／英語（ウェールズ語、ゲール語など使用地域あり）
宗教／英国国教など

1 イギリスの食文化

イギリスの料理は、どちらかというと簡素。豊かな自然がはぐくんだ食材を使い、味つけや調理法もシンプルなのが特徴です。紅茶をよく飲み、「イギリス人の一日は紅茶にはじまり、紅茶に終わる」といわれることもあります。

● 代表的なイギリス料理とは？

代表的なイギリス料理といえば、ローストビーフやフィッシュ・アンド・チップスがあげられます。そのほかに、ヨークシャープディングや各種のパイ料理がよく食べられています。

フィッシュ・アンド・チップス
白身魚のフライとフライドポテトの盛り合わせ。

ローストビーフ
ローストビーフに、ヨークシャープディング（小麦粉に牛乳・塩・卵を加え、型に入れてオーブンで焼いたもの）がそえられている。

● イングリッシュ・ブレックファスト

「ブレックファスト」は、「朝食」という意味です。ヨーロッパでは、「コンチネンタル（大陸の）・ブレックファスト」とよばれる、パンとコーヒーだけのかんたんな朝食が一般的です。イギリスの朝食は量が多く、「イングリッシュ・ブレックファスト」とよばれます。ベーコン、卵、ソーセージ、ベイクド・ビーンズ（豆の煮物）、焼いたトマトなどを山もりにし、パンと紅茶をそえます。

イングリッシュ・ブレックファスト
典型的なイングリッシュ・ブレックファスト。イギリスの旧植民地の国ぐにでも食べられている。

イギリス

クリスマス・プディング

古くから果樹園をたのしむ習慣があったイギリスでは、現代でも隣家とのあいだや庭に果樹を植えています。そして、果樹の実をそのままデザートとして楽しむほか、ジャムやミンスミートをつくるのに利用しています。

ミンスミートというのは、中世のイギリスでつくられていた保存食で、きざんだ肉とドライフルーツやナッツをあわせて、砂糖や酒で漬けこんだもの。現在は肉は入っていませんが、「ミンスミート」というよび名はそのままです。

イギリスでは、このミンスミートを使って、クリスマスには欠かせない「クリスマス・プディング」がつくられます。

プディングというと、日本では、カスタードプディングのようなものを想像してしまいます。しかし、イギリスのクリスマス・プディングは、ミンスミートに小麦粉、パン粉をまぜこんで、プディング型に入れて5時間ほどじっくり蒸したものです。すずしい場所で保存すると熟成し、うまみが増します。その上、1か月以上日持ちします。

クリスマス・プディング
蒸したてのクリスマスプティング(上)。クリスマス用に飾りつけたプディング(右)。

もっと知りたい！
アフタヌーンティー

イギリスは紅茶の国といわれている。紅茶が中国からオランダ経由でイギリスへ伝わったのは、17世紀。18世紀には紅茶を飲む習慣が定着した。紅茶を飲む習慣は、イギリスの海外進出とともに世界に広まった。

イギリスには、紅茶をたのしむ習慣として「アフタヌーンティー」がある。午後3〜4時ごろから、小麦粉などでつくるパンのような菓子のスコーンや、ケーキ、サンドイッチなどの軽食とともに紅茶を飲みながら、午後のひとときを楽しむ。

アフタヌーンティーのセット。

アフタヌーンティーの楽しみ方
陶製のティーポットをお湯で温め、その後、1人当たりスプーン1杯(およそ3g)、ポットで入れる場合はさらにスプーンもう1杯の茶葉を入れる。わかしたてのお湯を注いでポットにふたをして、2、3分待ってからカップに注ぐ。アフタヌーンティーでは、キュウリなどをはさんだサンドイッチを食べたのち、スコーンをナイフで水平に切って、クリームやジャムをのせて食べる。最後にケーキを楽しむ。

アメリカ

西は太平洋から東は大西洋まで、広大な国土をもつアメリカ。
その風土は多様です。先住民のほか、ヨーロッパ、アフリカ、アジアなど、
世界各地からの移民が住んでいます。

正式名称／アメリカ合衆国
人口／3億875万人（2010年アメリカ国勢局）
国土面積／962万8000km²（日本の約25倍）
首都／ワシントンD.C.

言語／主として英語（法律上の定めはない）
宗教／信教の自由を憲法で保障、おもにキリスト教

1 アメリカの食文化

アメリカの料理は、さまざまな国からもちこまれた食文化が入りまじったものです。一方で、ファストフードをはじめ、アメリカらしい新しい食文化も築かれてきました。

● アメリカの料理とは

大な国土のアメリカは、地域によって気候風土も異なり、得られる食材もちがうため、地域ごとに料理が異なっているのも事実ですが、それ以上に新しい食文化をつくろうという人びとの思いが、アメリカらしさとなっているといえます。そのひとつが、ホットドッグやハンバーガーなどのファストフードです。

ハンバーガーは、代表的なアメリカの料理のひとつです。そのハンバーガーにはさむハンバーグは、移民とともにアメリカにもちこまれたものです。20世紀初頭にミズーリ州セントルイスで開催された世界博覧会で、バンズとよばれる丸いパンにハンバーグをはさんで売り出したのが、ハンバーガーのはじまりです。

ハンバーガー

ニューヨークでは、まちのあちこちにホットドッグの屋台が出ている。

もっと知りたい！

ファストフード

「ファスト」は、英語で「はやい」、「フード」は、「食べ物」という意味で、すばやく調理されるかんたんな食事のこと。ハンバーガーなどのファストフードは、今や世界中に広まっている。

アメリカ

アメリカらしさ

アメリカ人はバーベキューが大好きです。休日には、庭や公園でバーベキューをする光景がよく見られます。肉は、ソースに漬けこんでから焼くのが一般的で、スーパーではさまざまな種類のバーベキューソースが売られています。

バーベキュー

一方、アメリカ人には、ベジタリアン（菜食主義者）も多くいます。ベジタリアンとは、動物性食品をさけ、植物性食品を中心とした食事をすべきだと考える人たちです。ベジタリアンメニューを用意するレストランも多くあります。

また、現在のアメリカ人が好むものとして、オーガニック食品（有機食品）があります。化学肥料や農薬の使用をさけ、できるだけ自然に近い形でつくった食品を「オーガニック食品」といいます。農薬の大量使用や遺伝子組みかえ食品が問題視され、食品の安全への関心が高まるとともに、オーガニック食品が注目されてきました。

もっと知りたい！
「コーシャマーク」「ハラールマーク」

近年アメリカでは、宗教のちがいが食べ物にもあらわれるようになってきた。喫茶店やレストランなどでは、ユダヤ教徒用メニューがあるところもある。ユダヤ教の祭りのときには、ユダヤ教徒用とわかる「コーシャマーク」をつけた食品が売られる。一方、イスラム教徒の多い地域では、豚肉など、宗教上の理由からイスラム教徒が食べてはいけない食材は使用していないことを示す「ハラールマーク」がよく見られる。

コーシャマークには「U」や「K」などがある。「PAREVE」は、肉と乳をふくまない食品を意味する。

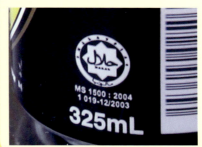

飲み物の缶についたハラールマーク。

オーガニック有機野菜がならぶアメリカのスーパーマーケット。

カナダ

世界で2番目に広い国土をもつカナダ。ロッキー山脈やナイアガラの滝など雄大な自然にめぐまれています。イギリスとフランスの植民地であった歴史や、移民の受け入れにより、文化も多様です。

正式名称／カナダ
人口／約3616万人（2016年カナダ統計局推計、日本の約4分の1）
国土面積／998万5000km²（日本の約27倍）

首都／オタワ
言語／英語・フランス語が公用語
宗教／ローマ・カトリック（国民の約半分近く）

1 カナダの食文化

カナダの国旗には、国を代表する木であるサトウカエデの葉がえがかれています。カナダの食文化は、メープルシロップと関係するものが多いのです。

移民の土地と豊かな食材

カナダは農業に適した豊かな平野、広大な山岳地帯、たくさんの湖や河川にめぐまれた自然豊かな国です。

東海岸ではロブスターやタラ、西海岸のサケやカニ、アルバータ州の牛肉など、上質で豊かな食材にめぐまれています。

そうしたカナダですが、南に隣接するアメリカ北部の食生活とあまりかわらず、「これがカナダ料理だ」というはっきりしたものがないといわれます。

アメリカと同じで、世界中からやってきた移民が、さまざまな国の食材や調味料をもちこんできています。ところが、アメリカとくらべると、カナダでは出身地の食文化を維持しようとする傾向が強いといわれています。

ケベック料理と西海岸の料理

カナダのなかでも東海岸に位置するケベック州には、独自の食文化がはぐくまれています。フランス系の移民が多いこの州では、地元の食材を使ってフランス風にアレンジした料理が数多くうまれ、ケベック料理として定着しています。

豚肉をパテにしたクルトンはケベックの朝食の定番で、パンにのせて食べます。パテとは、内臓をふくむ肉や野菜などをまぜて香辛料などで風味づけし、すりつぶして型に入れてオーブンで焼いたものです。

フライドポテトにグレービーソース（肉の焼き汁に塩、コショウなどで味つけし、とろみをつけたもの）とチーズをかけたプーティンは、ケベックでうまれたファストフードで、現在はカナダ全土で親しまれています。

44

カナダ

● メープルシロップ

メープルシロップは、3月から4月ごろの春に、天然のサトウカエデの木から集めた新鮮な樹液を煮つめてつくられます。独特の香りをもち、砂糖やはちみつにくらべるとカロリーが低く、カルシウムやカリウムなどのミネラルが豊富です。カナダは、世界のメープルシロップの8割以上を生産しています。カナダでつくられるメープルシロップの約9割はケベック産です。

カナダでは、菓子づくりだけではなく、卵料理やカリカリに焼いたベーコンにかけたり、鶏肉を蒸し焼きにする際に皮にぬったりするなど、さまざまな料理にメープルシロップが使われています。

メープルシロップ

● イヌイットの食事

カナダの北部には、国土の5分の1をしめるヌナブト準州があって、人口の約85%はイヌイットとよばれる先住民です。夏でも10℃前後、冬はマイナス30℃以下で大地もこおるような気候のなか、イヌイットは、クジラやアザラシなどの海にすむ動物や、北アメリカ北部にすむトナカイの一種カリブーなどを食用にしてくらしてきました。

イヌイットはクジラやアザラシ、カリブーの生肉を好んで食べます。そうすることで、加熱調理すると破壊されてしまうビタミンCを効率よく摂取できるのです。これはきびしい寒さで、野菜も果物もじゅうぶんにとれない地域ならではの生きぬくための食の知恵です。

カナダの定住化政策や周辺社会の影響から、今では、狩猟や漁業だけにたよるイヌイットは、3割ていどに減ったといわれています。

貝や魚をさばくイヌイットの子どもたち。

メープルシロップは、サトウカエデの樹皮に傷をつけ、出てくる樹液を濃縮してつくる。写真は、バケツにたまった樹液を回収しているところ。

45

さくいん

あ

アール・ズッペ……………… 38
アフェリア……………………… 31
アフタヌーンティー………… 41
ア・ラ・カルト………………… 12
アンチョビー………………… 25
イヌイット……………………… 45
イワシ………… 15、25、33、36
イングリッシュ・ブレックファスト
………………………………… 40
牛………………… 11、12、14、38
ウナギ…………………… 15、38
エスプレッソ…………… 22、32
エポワス………………………… 11
オーガニック食品…………… 43
オスマン帝国（ていこく）… 30
オマールエビ…………………… 8
オリーブ…… 9、26、30、31、33
オリーブオイル……… 9、20、24、
　　25、26、28、29、33、34、
　　　　　　　　　　　35、37
オルナソ………………………… 37
オレッキェッテ……………… 16

か

ガスパチョ…………………… 34
カスレ…………………………… 9
カタプラーナ………………… 33
ガチョウ………………………… 9
カペッリーニ………………… 16
カフェ・コン・レチェ……… 36
カフェラッテ………………… 22
カプチーノ…………………… 22
カマンベール………………… 11
鴨（かも）……………………… 9
カラマリ……………………… 31

カルツォーネ………………… 19
カルド・ベルデ……………… 33
ガレット………………………… 8
宮廷料理（きゅうていりょうり）… 13
牛肉…………………… 26、44
クアトロ・スタジョーニ…… 19
クアトロ・ファルマッジ…… 19
クグロフ………………………… 8
クスクス……………………… 25
クネル…………………………… 9
クリスマス・プディング…… 41
クルーリ……………………… 27
クルトン……………………… 44
グレービーソース…………… 44
ケバブ…………………… 30、31
ケラズマ……………………… 27
香辛料（こうしんりょう）… 27、31、33、44
紅茶（こうちゃ）…………… 40、41
コーシャマーク……………… 43
コース料理（りょうり）… 12、23、33、36
コーヒー………… 12、22、32、36
コシード……………………… 35
米………………… 14、25、32、34
ゴルゴンゾーラ……… 11、21
コンチネンタル・ブレックファスト
………………………………… 40
コンテ………………………… 11
コンフィ………………………… 9

さ

ザジキ………………………… 26
サラミ……………… 9、14、18、21
サルディーニャス・アサーダス
………………………………… 33
ザワークラウト……………… 38
シェーブル（サントモール）… 11
シェーブル（バランセ）…… 11

シエスタ………… 22、27、36
ジェラート…………… 20、23
シャーベット………………… 12
ジャガイモ……… 9、16、33、38
ジャポニカ米………………… 14
シュークルート……………… 8
シュバルツバルター・キルシュ・トルテ
………………………………… 39
食のピラミッド……………… 24
スコーン……………………… 41
スパゲッティ・アッラ・カルボナーラ
………………………………… 17
スパゲッティ・ボロネーゼ… 15
スパナコピタ………………… 27
スブラキ……………… 26、31
スローフード運動…………… 23
世界三大珍味（ちんみ）…… 9、29
世界三大ハム………… 21、34
世界三大ブルーチーズ… 11、21
ソース・ビネグレット……… 10
ソース・エスパニョル……… 10
ソース・オランデーズ……… 10
ソース・ドゥミグラス……… 10
ソース・トマト……………… 10
ソース・ベシャメル………… 10
ソーセージ… 9、14、34、38、40

た

タコ……………… 15、25、31、35
タパス………………… 35、36
タラ…………………… 25、44
タルト・フランベ……………… 8
チュロ………………………… 36
チョリソ……………………… 34
ツビーベル・クーヘン……… 39
ティラミス…………… 20、23
デュラム小麦………… 17、25

トム・ドゥ・サボワ……………11	ピラフ………………………25	マッケローニ…………………16
ドラツ市場……………………29	ファストフード…………23、42	マリナーラ……………………19
鶏肉(とりにく)…………………26、45	ファルファッレ………………16	マリネ………25、33、35、36
トリュフ………………12、29	フィッシュ・アンド・チップス…40	マルゲリータ…………………18
ドルチェ………………20、23	フェットチーネ………………16	ミネストローネ………………20
トルティージャ………35、36	プーティン……………………44	ミモレット……………………11
	フェタチーズ…………26、30	ミラノ…………………………21
な	フェデリーニ…………………16	ミンスミート…………………41
生ハム……9、14、21、34、36	フォアグラ………………9、12	ムール貝………8、28、34
ニョッキ………………………16	フォカッチャ…………18、19	ムサカ…………………………26
鶏(にわとり)………………12、14、38	フォン…………………………10	メープルシロップ……………45
	フジッリ………………………16	モッツァレラ…………18、21
は	豚(ぶた)……………12、14、21、38	モンドール……………………11
バーニャ・カウダ……………25	豚肉(ぶたにく)………9、26、37、44	
バーベキュー…………………43	復活祭(ふっかつさい)……………………37	**や**
バール…………………22、36	プディング……………33、41	山羊(やぎ)………………11、26
バウムクーヘン………………39	フランス革命(かくめい)……………13	ユネスコ無形(むけい)文化(ぶんか)遺産(いさん)……13、24、
パエリア………10、25、34	ブルスト………………………38	29、30、32
バカラオ………………35、37	プレサレ…………………………8	ヨーグルト……………………26
バカリャウ……………………33	プレッツェル…………………39	
バスク……………………9、35	プロシュート…………………21	**ら**
パテ……………………………44	フロマージュ…………………12	ライ麦…………………………39
ハム……8、9、18、29、36、38	プンパニッケル………………39	ラクレット………………………9
ハモン・イベリコ……………34	ベーコン………8、39、40、45	ラザーニャ……………16、17
ハモン・セラーノ……………34	ベゲタ…………………………29	ラビオリ………………………17
ハラールマーク………………43	ペコリーノ・ロマーノ………21	リゾット………14、21、23、25
バル……………………………36	ベジタリアン…………………43	リングイーネ…………………16
パルミジャーノ・レッジャーノ…21	ベルサイユ宮殿(きゅうでん)…………13	レンネット……………………11
ハルミチーズ…………30、31	ヘルンヘン……………………39	ローストチキン…………………9
パンチェッタ…………………17	ペンネ…………………16、17	ローストビーフ………………40
パンナコッタ…………20、23	ペンネ・アラビアータ………17	ローマ帝国(ていこく)………………14、15
ハンバーガー…………………42	ペンネリガーテ………………16	ロックフォール………………11
ビスコッティ…………22、23	ボカディージョ………………36	ロブスター……………………44
羊……8、11、12、14、21、26	ホットドッグ…………………42	ロマーナ………………………21
ピッツァ…10、15、18、19、21		
ピペラード………………………9	**ま**	**わ**
ひよこ豆………………20、35	マスカルポーネ………………20	ワイン…7、11、15、27、28、36

■監修
青木ゆり子
e-food.jp 代表。各国・郷土料理研究家。世界の郷土料理に関する執筆をおこなっている。2000年に「世界の料理 総合情報サイト e-food.jp」を創設。日本と海外をつなぐ相互理解・交流を目指し、国内外の優れた食文化に光を当てて広く伝えるために活動中。また、国際的ホテルの厨房で、60か国以上の料理メニューや、外国人客向けの宗教食ハラール（イスラム教）やコーシャ（ユダヤ教）、ベジタリアン等に対応する国際基準の調理現場を経験し、技術を習得。東京にある大使館、大使公邸より依頼を受け、大使館及び大使公邸の料理人として各国の故郷の味を提供。現在、世界5大陸200以上の国・地域の訪問を目指して、一眼レフカメラを片手に料理取材を続けている。

■編・著／デザイン
こどもくらぶ
稲葉茂勝
石原尚子
長江知子

■制作
(株)エヌ・アンド・エス企画

※各国の人口や国土面積ほかの基本情報は、外務省のホームページ「世界の国々」（2016年12月）による。

■写真協力
ギリシャ政府観光局、キプロス政府観光局
©alfonso90 　©ALF photo 　©anistidesign
©beatrice prève 　©Brad Pict
©Comugnero Silvana 　©didier salou
©Eléonore H 　©enrico scarsi 　©fabiomax
©Fanfo 　©gracethang 　©lilechka75
©Lucky Dragon 　©MarcoBagnoli Elflaco
©Marzia Giacobb 　©mimon 　©M.studio
©nito 　©Quade 　©rafer76 　©Reidl 　©sal
©Silvia Crisman 　©skabarcat 　©stevanzz
©uckyo 　©victoria p. 　©Springfield Gallery
©Yves Auboyer -fotolia.com
©Andriy Blokhin
©Angel Luis Simon Martin 　©Azurita
©Deanpictures 　©Dejan Veljkovic
©Eduardo Gonzalez Diaz 　©Fritz Hiersche
©Gábor Kovács 　©Julie Feinstein
©Kanvag 　©Konstantinos Papaioannou
©Littleny 　©Lucian Milasan
©Martine Oger 　©Matthew Benoit
©Michalakis Ppalis 　©Murdock2013
©Natalia Mylova 　©Olga Popova
©Paul Cowan 　©Ppy2010ha 　©Radub85
©Sebalos 　©Silvia Blaszczyszyn Jakiello
©sorcerer11 　©Yulia Grigoryeva
©Worldshots ¦ Dreamstime.com
fanfo、kwasny221、yatomo/123RF写真素材
フォトライブラリー、巽　芳也

しらべよう！世界の料理⑥　西ヨーロッパ 北アメリカ　フランス スペイン ギリシャ アメリカ ほか　　N.D.C.383

2017年4月　　第1刷発行

監修　青木ゆり子
編・著　こどもくらぶ
発行者　長谷川 均　　編集　浦野由美子
発行所　株式会社ポプラ社
　　　　〒160-8565　東京都新宿区大京町 22-1
　　　　電話　営業：03 (3357) 2212　編集：03 (3357) 2635
　　　　振替　00140-3-149271
　　　　ホームページ http://www.poplar.co.jp
印刷・製本　大日本印刷株式会社

Printed in Japan　　　　　　　　　　　　　　　　　　　　　47p 29cm
●落丁本、乱丁本は送料小社負担でお取り替えいたします。　　ISBN978-4-591-15368-0
　小社製作部宛にご連絡ください。
【製作部】電話：0120 (666) 553　受付時間：月〜金曜日　9：00〜17：00（祝祭日は除く）
●本書のコピー、スキャン、デジタル化等の無断複製は著作権法上での例外を除き禁じられています。
　本書を代行業者等の第三者に依頼してスキャンやデジタル化することは、たとえ個人や家庭内での利用であっても著作権法上認められておりません。

「おいしい」の向こうにある、各国の風土や文化を学ぼう！

しらべよう！世界の料理 全7巻

❶ 東アジア
日本 韓国 中国 モンゴル

❷ 東南アジア
ベトナム タイ フィリピン インドネシア ほか

❸ 南・中央アジア
インド ブータン バングラデシュ ウズベキスタン ほか

❹ 西アジア アフリカ
サウジアラビア トルコ エジプト ナイジェリア ほか

❺ 北・中央・東ヨーロッパ
スウェーデン オーストリア チェコ ロシア ほか

❻ 西ヨーロッパ 北アメリカ
フランス スペイン ギリシャ アメリカ ほか

❼ 中央・南アメリカ オセアニア
メキシコ ブラジル ペルー オーストラリア ほか

監修：青木ゆり子（e-food.jp 代表）

小学校中学年～中学生向き
各47ページ
N.D.C.383 A4変型判
図書館用特別堅牢製本図書

★ポプラ社はチャイルドラインを応援しています★

18さいまでの子どもがかけるでんわ

チャイルドライン
0120-99-7777

ごご4時～ごご9時　＊日曜日はお休みです
電話代はかかりません　携帯・PHS OK

18さいまでの子どもがかける子ども専用電話です。
困っているとき、悩んでいるとき、うれしいとき、
なんとなく誰かと話したいとき、かけてみてください。
お説教はしません。ちょっと言いにくいことでも
名前は言わなくてもいいので、安心して話してください。
あなたの気持ちを大切に、どんなことでもいっしょに考えます。